西部警察

スーパーＺ
FULL AUTO GULL WING
SUPER Z

「マシンＸに次いで、石原プロから今度はフェアレディを使って渡さんが乗る車を作りたいと、話がきました。当時のフェアレディの特徴というのは、Ｔバールーフですが、これをガルウィングで開くようにしたらもっとカッコイイんじゃないか、というアイディアを出しました。構造的にも作業的にも難しくなく、見た目も美しいし、絵的にも動きがあってわかりやすいということで、ガルウィングに決まったのです。ボディーの色もゴールド＆ブラックの２トーンに塗装をして、より美しく、クールに仕上げました。こうして生まれたのがスーパーＺです」　福田正健　元日産プリンス自販・設計開発エンジニア

世界に名だたる名車
フェアレディ 130型後期 280Z-Tバールーフをベースに作られた
SUPER MACHINE
制作費 1500万円

SUPER Z PROFILE

ニッサン フェアレディ 280Z－T ／ 2 by 2　3 AT
定　　員／4名
全　　長／4620mm
全　　幅／1690mm
全　　高／1305mm
総 重 量 ／1645kg
最高出力／145 馬力（グロス）
エンジン／L28E 型
最 高 走 ／180km（推定）

NISSAN

衝撃のスタイリング
ELEGANCE & ART

その優雅さは“走る芸術品”とまで絶賛された！

SUPER Z の装備

スイッチで各部の特殊装置をフルオート作動させる多目的特別車。油圧操作により開閉できる全自動ガルウィング（5mm アクリル製）はカモメの翼のように美しい。ボンネットにリモコン式催涙弾発射装置をつけ、後部バンパー下に煙幕発射装置も。その他、リモコン可動式サーチライト、自動車電話、隠し赤色回転灯、無線アンテナも装備。

COCKPIT 1

日本のスポーツカーシーンを
リードしたクールなデザイン！

NISSAN

FULL AUTO GULL WING

ガルウィング

このガルウィングの特徴は、ドア１枚分全部を開閉するのではなく、ドアのガラス部のみを開けるので、外側に広がる寸法が大きくならない点である。すなわち通常の窓を開ける感覚で走行中も広げられる。そのため『西部警察』の撮影では大門団長が銃を持って身を乗り出す演技が無理なく行われた。逆にデメリットは、このアクリルを油圧で開けておきながら、ドアの下半部は通常のドア開閉と同じ操作が必要なことだ。でも慣れればアクリル開閉操作（スイッチ ON-OFF）した後、ドアハンドル操作すれば普通のドア開閉とそう変わらないアクションですむ。

SUPER Z 特殊装置

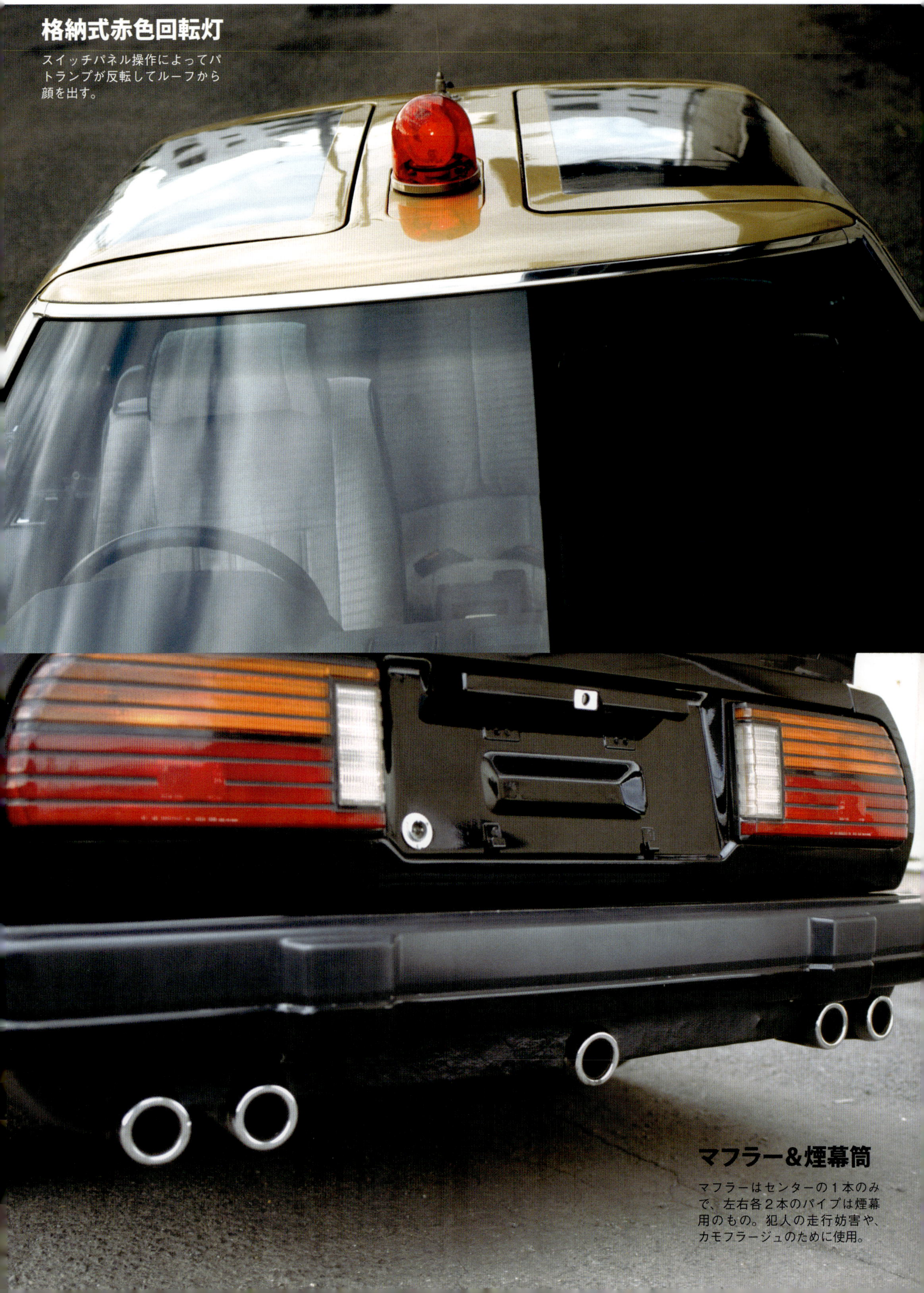

格納式赤色回転灯

スイッチパネル操作によってパトランプが反転してルーフから顔を出す。

マフラー＆煙幕筒

マフラーはセンターの１本のみで、左右各２本のパイプは煙幕用のもの。犯人の走行妨害や、カモフラージュのために使用。

催涙弾発射装置 ボンネットにある、NASA スコープ上の催涙弾発射装置は、コックピットのスイッチによって上下40度、左右60度の転回が可能。

NISSAN
DUNLOP RADIAL

NICE BODY

NISSAN
G/T QUALIFIER
DUNLOP RADIAL

NISSAN

GOLD & BLACK の装い

ゴールドとブラックのカラーコーディネートは、日産自動車の宣伝部が提案して、ボス石原裕次郎が最終決定をした。

SUPER Z
OUTDOOR

美しい翼を持つ
大門団長専用車
ゼロヨン 16秒28

RUN

フェアレディ Z は、そもそもアメリカ市場を狙って、1969 年に発売されたスポーツカーで、そのスタイリングは、「ジャガー」の影響が強い。1970 年には AT 車も加わって、人気を博していった。カースタントには AT 車が適している、と同仕様が大門団長専用車として採用された。

SUPER Z NOW

YUJIRO ISHIHARA MEMORIAL HALL

1階エントランス

　いつ訪れてもその圧倒的な存在感と、その美しさに心を奪われる。それは永遠に変わらぬ、王者としての風格だ。

INDOOR

『石原裕次郎記念館』

石原プロモーション
SUPER-Z

ホイール&タイヤ

LOOKS

ホイールはエンケイウィンディッシュのゴールド。タイヤは、ビレリ・チンチュラート225-60R1491Hだったが、展示前にダンロップに替えた。

木暮謙三課長のガゼールと。

HEADLIGHT

風防にあたる「ヘッドライトカバー」は純正だが、フェアレディ Z ではカバー無しがノーマル仕様だ。
スーパー Z では、見た目の精悍さと実質的な虫除けでヘッドライトカバーを付けたようだ。

COCKPIT 2

ZOOM UP

シート、ハンドル、メーター類といった基本装備は、オリジナルのフェアレディから変更されていない。助手席側に警察無線、航空機、船舶、アマチュア遭難自動通報など各種無線が見える。AT シフトレバーの左に、ガルウィング、煙幕、スポットなどの操作パネルが。正面の２つの赤いボタンは催涙弾発射スイッチ。

手入れのいき届いたエンジンはあの名機、L28E 型で基本的にノーマルのまま。一部資料によると最高速度は 250km/ h といわれている。

3

4

ENGINE & LOOKS

①フェアレディＺのフェンダーミラーは砲弾型でミラー面は丸型だが、スーパーＺは他のドアミラー仕様を取り付けた。当時、まだ国産車ではドアミラーを認められていない時代だったと思うが、ひょっとしたら改造での取付位置基準が出来た頃かもしれない。
②テールランプ＆ブレーキランプはノーマル仕様。
③ドア下半部のドアハンドル。
④スタイリッシュなデザインの三角形の換気口。

1

2

スーパーZをはじめ「石原裕次郎記念館」で展示しているスーパーマシンは、30年以上の時を超えたいまも、美しく輝いてある。それはメンテナンスに熟知した石原プロ車輌部スタッフによるホコリを寄せつけない苦心のワックス加工がほどこされているからだ。「至宝を半永久的に保存したい」その強い思いが、スーパーマシンを支え続けている。

1

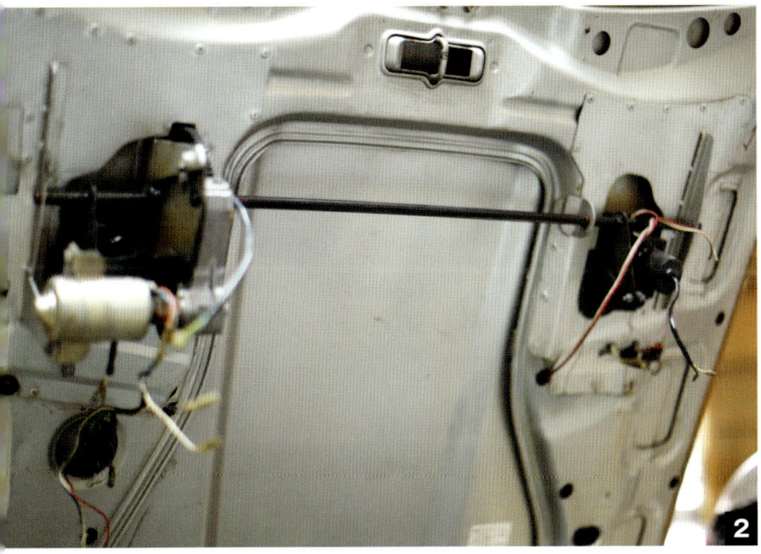
2

3

①定員は４名だが、ドラマでは定員を満たしたことは一度もなかった。
②ボンネット裏の催涙弾発射装置。
③バックから見るスーパーZ。リアバッチゲートには、ほとんど荷物を積まなかった。

SUPER Zと大門軍団

フルオートガルウィングが採用された理由のひとつに、走行中に、前後左右自由にレミントンショットガンが撃てることがあげられている。これによって大門圭介団長のGUN アクションの幅がグーンと広がった。

スーパーZがデビューしてまもなくの『PART-Ⅱ』第21話より。ガルウィングを開け、降り立ち様にレミントンM31ライアットショットガンを撃つ大門団長の姿に当時の少年視聴者達は皆、喝采を送った。

大門圭介×スーパーZ

『PART-II』第29話より。この後、スーパーZら特別機動車輌隊は、犯人グループの運転する不気味な黒い装甲ダンプカーとオロフレ峠付近の草原にて死闘を展開した。

『PART- Ⅱ』第23話のラストシーンより。事件解決後、笑顔で現場を去る大門圭介団長、沖田五郎、平尾一兵両刑事を特写したカラースチール。スーパーZもまるで安堵の表情を浮かべているかのようだ。

スーパーZと大門軍団

『PART- Ⅲ』第9話より。白銀の世界でスーパーZが活躍。

ガルウィングの機能は、大門の正確無比な射撃をサポートする目的で装備された。ゴールドとブラックのツートンカラーも黒が基調の大門のイメージに合っていた。写真右上は『PART- Ⅲ』第61話、左下は『PART-Ⅱ』第26話より。

自分は
西部署の大門だ。
犯人に告ぐ、
武器を捨てて
投降しろ！

升谷
品川59
35-28
35-29
SAN
品川33
35-27

SUPER MACHINE FORMATION

『PART- Ⅲ』第19話より。九州・福岡県に上陸したスーパーZとマシンRS 3兄弟の特写カラースチール。北海道や冬の愛知・三重県を体験したスーパーZにとっても福岡・博多は初めてだった。

『PART- Ⅲ』第17話より。南国の地を疾走するスーパーZの勇姿。

『PART-Ⅲ』第48話より。装甲トラックから放たれた手榴弾の攻撃をかいくぐって突っ走るスーパーZの勇姿。

強く、速く、遠くへ

『PART-Ⅱ』 第26話より。鳩村、沖田両刑事にとっても頼もしい味方であり、鋼鉄の同士でもあった。

大門軍団カレー
特製大巻ずし
もちコーナー
NISSAN
NISSAN

SUPER Z デビュー 1982年6月15日
テレビ朝日旧社屋玄関前広場

スーパー Z
完全 PHOTO STORY

COMPLETE!
―マシン X を超える大門団長のスーパーマシンが登場！―

『西部警察 PART-II』第15話
「ニューフェイス !! 西部機動軍団」

1982年 9 月 26日放送
脚本／宮下潤一　監督／澤田幸弘

西部警察署に警視庁本庁から「新人来る」の報が入った。だが、迎えに出たのは大門圭介団長（渡哲也）、オキこと沖田五郎刑事（三浦友和）の二人だけ。イッペイこと平尾一兵刑事（峰竜太）ら置き去りにされた大門軍団員たちはふくれ面。だが、その表情も新人〝2機〟の頼もしい姿を見て一変した。ベールを脱いだ1機は、フェアレディZをベースにした大門団長専用車・スーパーZ、もう1機はマシンXの強化・進化型であるマシンRS。その、あまりの堂々たる勇姿に団員達も興奮を隠せない。

ここから『西部警察』の新たな伝説《レジェンド》がスタートした。

SUPER.Z

NISSAN
品川59
た35-27

THE SUPER VIEW! 1 ―永遠のスーパーZ!―

スーパーZのビジュアルを初めて本格的に撮影した特写したスチールが残っていたので、一挙掲載。まずはノーマル形態の正面、側面、斜めの俯瞰《ふかん》から。場所は初登場編の『PART-II』第15話のラストアクションを撮影した、東京・芝浦埠頭近辺と思われる。アクションに参加する前に撮影したと思われ、車体がじつに綺麗だ。

NISSAN

ガルウィングを開き、催涙弾発射装置(2 連装マシンガン) をフル稼働した状態のスーパー Z。実際のドラマ中では見ることのできなかったビジュアルを特写した大変貴重なものだ。ゴールドのボディーカラーとガルウィングは、設計・開発者の福田正健の発案とこだわり、とのこと。催涙弾発射装置はサファリ 4WD に付ける話のあったものを、ここで実現させたという。

THE SUPER VIEW! 2 —永遠のスーパーZ!—

SUPER Z WITH DAIMON's CORPS
—スーパーZを駆る漢《おとこ》たち—

木暮謙三

演・石原裕次郎

スーパーZ、マシンRSの兄弟車輌を発案し、警視庁本庁と日産自動車に共同開発を依頼した張本人が木暮謙三捜査課課長だ。まるで、この後、全国各地で続発する凶悪・大規模犯罪を予見していたかのような先見性には驚かされる。

特にスーパーZは大門団長専用車として開発されたためドラマ中で木暮が乗るシーンはなかったが、「ニューマシン発表会」で石原裕次郎が試乗した特写スチールが現存していたので特別掲載しよう。

大門圭介

演・渡 哲也

木暮課長から与えられたマシンXに替わる新しい専用車・スーパーZを駆り、兄弟車・マシンRSやサファリ4WD、KATANAらを指揮して、広島県や北海道で発生した大型事件の捜査にあたっていく。

特にスーパーZは大門団長がファースト・ドライバーであり、殉職する直前まで運転しており、名実ともに大門と生死を分かちあった、唯一無二の団長専用車といえよう。そのため他の特別機動車輌に比べて軍団員達が運転する機会も少なかった。

鳩村英次

演・舘ひろし

『PART-II』第3話より、専用オートバイのKATANAが配備されたため、鳩村刑事が特別機動車輌を運転する機会は多くはなかったものの、犯人車輌の追跡にはKATANA、捜査や高速での移動が必要な場合には特別機動車輌もしくは黒(覆面)パトカーを運転、といった具合に臨機応変に使い分けていた。

鳩村がスーパーZを運転し、助手席に座った大門団長がガルウィングを開いて射撃を行う、スーパーZの特性を活かした華麗なコンビネーション攻撃も見られた。

沖田五郎

演・三浦友和

　マシンＲＳが沖田刑事の専用車的扱いになったため、彼がスーパーＺのステアリングを握る機会は少なかった。それでも大門団長の不在時や機動性を要求される捜査時には大門団長に代わり、鳩村と交替で運転する姿もしばしば見受けられた。もちろん運転技術は団長や鳩村に決して引けを取らない。

北条 卓

演・御木 裕

『ＰＡＲＴ－Ⅱ』では黒（覆面）パトカーやサファリ４ＷＤを運転する機会の多かったジョーこと北条刑事だが、ごく稀にスーパーＺのステアリングを握ることもあった。沖田不在時にはマシンＲＳを運転する機会も多く、どちらかといえばマシンＲＳの印象が強い。

平尾一兵

演・峰 竜太

北条刑事同様、沖田不在時にマシンＲＳの代理走行を行うことの多い平尾刑事だったが、スーパーＺを運転する姿もしばしば確認されている。主に、他県での広域捜査を行う際に大門団長や鳩村、山県刑事の代理で運転していた。（『ＰＡＲＴ－Ⅲ』第23話など）

山県新之助

演・柴 俊夫

『PART-III』のオープニングではさっそうとスーパー Z を運転している大将こと山県刑事だが、マシン RS3 兄弟の投入と同時にマシン RS-1 の専任ドライバーに。以降、山県がスーパー Z を運転するのは、大門団長がヘリコプターに乗り換えて移動する際など、団長の代理としてのケースが多かった。大将役の柴俊夫によれば一度、爆発の衝撃で飛んできた小石が Z のドアに穴を空けたことがあり、爆破のパワーに改めて驚いたという。その穴は石原プロモーションの名物車輌担当・宇角長七がたちどころに修理したそうだ。

南長太郎

演・小林昭二

爆破、カーチェイス、船上アクションなど他の軍団員に混ざって年齢を感じさせない活躍を見せた、チョウさんこと南刑事はベテラン刑事中、「最もアクティブなおやっさん」として知られ、特別機動車輌を運転する機会も多かった。だが、マシンRS-1と3を運転する姿は確認されているが、2とスーパーZのステアリングを握る姿は目撃されていない。ファンならスーパーZを運転するチョウさんも見たかったところだ。

五代 純

演・石原良純

初登場時には自家用車のスカイライン、通称・ハコスカを改造したSUNDAY号で捜査を行っていたが、早くも初陣で大破。以降はマシンRS-2の専任ドライバーとなった。緊急移動時にとっさにスーパーZを運転するることもあったが、あくまでも臨時の代行運転の印象が強い。

浜源太郎

演・井上昭文

歴代大門軍団、ベテラン(おやっさん)刑事中、最も特別機動車輌を運転する機会の少なかったのが、浜刑事だが、それもそのはず。演じた井上昭文が自動車免許を持っていなかったから。そのため、わずかながら一度、マシンRSを運転しているらしき姿が目撃されただけにとどまっている。当然スーパーZを運転したことはない。一度だけスーパーZの助手席に座る姿は確認されている。

H-9
H-9

SUPER SHINING!
—悪を照らす正義の光！—

スーパーZの優れた特殊装備のひとつに、リアマフラーにカモフラージュされた、特殊煙幕噴射装置がある。犯人を乗せた逃走車の前に先回りし、白い煙幕を浴びせかけて行く手を阻む機能だ。鳩村が捕われている犯罪組織の隠れ家に潜入した際、スーパーZはこの機能を初動。隠れ家内部を濃霧で満たしてかく乱すると、その隙に見事、鳩村を救出し、反撃に転じた。そのシーンの特写スチールを紹介（カラーでないのが残念）。

白い霧の中、ヘッドライトとフォグランプ、それに補助灯の計6灯で前方を照らしながらゆっくり進むZの姿はじつに幻想的である種の色気さえ感じさせる。

押し寄せたマスコミと熱狂的なファンも、
１枚でも多くＺの勇姿をカメラに収めよう
と一心不乱にシャッターを切りまくった。

西部警察署に配属早々、スーパーZ・マシンRSの兄弟機に腕試しのチャンスが到来。「暴走ダンプカー現わる」の急報を受け、大門団長がスーパーZで、沖田刑事がマシンRSで出動する！マシンRSの探査機能でダンプカーを追跡。追い詰めたところをスーパーZの催涙弾発射装置で動きを封じた。だが、それこそが新たな事件の始まりだった。ダンプの荷台から大量のニセ札と改造拳銃が発見され、大門軍団は直ちに捜査を開始。だが、おとり捜査で潜入した鳩村刑事が組織に捕われの身に。いまこそ2台のスーパーマシンが威力を発揮する刻《とき》！マシンRSが組織の隠れ家を突き止め、スーパーZと2機で突入！大門団長のレミントンが火を噴き、見事、鳩村を助け出し、組織を壊滅した。

FIRST BATTLE!
―スーパーZ、初めての戦い！―

品川33
た35-27

HARD BATTLE! 1 ―スーパーZ、敵地突入！―

『西部警察 PART-II』第20話「明日への挑戦」

1982年10月31日放送　脚本／新井 光　監督／小澤啓一

スーパーZと大門団長、大門軍団との固い絆を描いたエピソードとそのお話の特写スチールを紹介。この『PART-II』第20話では、沖田刑事がヘロインの密売組織の罠にはまり、過剰防衛による無実の容疑者を射殺したとの嫌疑で警視庁の査問委員会にかけられることに。汚名を返上すべく組織の隠れ家に潜入した沖田と鳩村刑事が絶体絶命のピンチに！　そこに、平尾・浜両刑事の運転するパトカーに続いて、大門団長を乗せたスーパーZが駆け付けた。

NISSAN

FIGHT! 1

—大門団長×スーパーZのコラボがオキの危機を救う！—

スーパーZの出現により形勢は大逆転！沖田、鳩村の必死の反撃、平尾・浜両刑事の援護射撃により、ヘロイン密売組織の本体である中光商事の幹部達は一網打尽にされ、沖田の無実も証明された。

スーパーZのコックピットから大門軍団のナンバー2である沖田の無事を確認し、笑顔で語りかける大門団長のスチールは、大門とスーパーZ、そして大門軍団との固い信頼関係を、1枚の写真で見事に表現している。

HARD BATTLE! 2

―ニセスーパーＺ出現！暁の死闘!! ―

『西部警察 PART- Ⅲ』
第14話「マシンＺ・白昼の対決」

1983年７月17日放送　脚本／日暮裕一、新井 光　監督／澤田幸弘

よく「ニセモノが現れれば一流」と言われるが、こんなニセモノには現れてほしくなかったというエピソードが『ＰＡＲＴ－Ⅲ』の第14話。西部警察署配備の特別機動車輌中、ニセモノ（正確には同じ設計図から生まれた悪の兄弟機）が現れたのはこのスーパーＺのみで、皮肉にも、それだけスーパーＺが群を抜いた存在であることの証《あかし》となった。

　実際のドラマでは、大門団長とニセスーパーＺで挑戦してきた元・プロレーサーの深町英雄（長塚京三）は静岡県の富士スピードウェイにてあくまでもフェアなカーレースで勝敗を決した

が、じつは放送されなかった幻の結末があった。左ページ下の大門と深町の2ショットがその幻のシーンのものである。当時、ＤＶＤやディレクターズ・カットといった概念のなかった時代だけにフィルム自体は既にジャンクされてしまったが、スチール写真だけは残っていたのだ。

SUPER Z THE DEBUT! 1

—1982年6月15日、ニューマシン発表会より—

1982年6月15日にテレビ朝日の旧本社前にて開催された「ニューマシン発表会」での特写スチールを紹介。『PART-I』の、木暮謙三捜査課課長の専用車・ガゼール（・コンバーチブル）、タツこと巽総太郎刑事（舘ひろし）のハーレーダビッドソン、そして第1・2話に登場した装甲車・レディーバードに始まる特別車輌の発表会も、このスーパーZ・マシンRS兄弟機のプレビュー記者会見で4回目を迎えたが、当日はワイドショーや新聞、芸能誌、女性誌などのマスコミ以外にファンや一般の視聴者にも開放し、テレビ朝日の社屋前はごった返したという。

西部警察
西部警察 PART-II
ニューマシン発表会
協賛・日産自動車・宝酒
コード・東急エージェンシー
NISSAN

SUPER Z
THE DEBUT! 2

―1982年6月15日、
ニューマシン発表会より―

石原プロモーション恒例の、宝酒造提供の日本酒（松竹梅）によるこけら落とし式のあと、木暮課長役の石原裕次郎、大門団長役の渡哲也を筆頭に、出演者達によるスピーチも行われた。一番大きな写真は渡のスピーチ姿を特写した大変貴重なもの。ふだんはあまり特別機動車輌とは縁のない佐川勘一捜査課係長役の高城淳一の姿も見られる。この後、石原裕次郎、渡哲也がスーパーZ、マシンRSに試乗し、マスコミ関係者や幸運なファン達が後に続いた。

PART-Ⅱ
協賛・日産自動車・宝酒造・キリ

イベント当日、石原裕次郎、渡哲也ら出演者がスーパーZ・マシンRSと一緒に写した記念撮影スチールを公開。向かって左よりロクさんこと名鑑識員・国立六三役の武藤章生、大門の妹・大門明子役の登亜樹子、峰竜太、三浦友和、石原裕次郎、御木裕、渡哲也、舘ひろし、そして右端でキャンペーンガールにはさまれて不敵な笑みを浮かべているのが井上昭文。バックに見えるのは当時、テレビ朝日本社に堂々と開示されていた『西部警察PART-II』の番組広報用ポスターだ

SUPER Z THE DEBUT! 3

—1982年6月15日、ニューマシン発表会より—

THE MAKING & OFF SHOT

―スーパーＺの勇姿はこうして撮影された―

スーパーＺデビュー編の『ＰＡＲＴ・Ⅱ』第15話から、珍しいスーパーＺのメイキングショットをご紹介。コックピットから催涙弾発射装置等のスーパーＺの装備を操作する大門団長の勇姿を撮影する直前のリハーサル風景をカメラがとらえたもの。録音を担当した佐藤泰博によれば、スーパーＺはガルウィングで天井が開くため、録音や照明等の機材を配置できる場所が多く、特別機動車輌の中ではかなり撮影しやすい車だったという。

この一連のメイキングショットでは、メインドライバーである大門団長役の渡哲也以外に、団長の右腕・鳩村刑事役の舘ひろしら軍団員の姿も見受けられる。

NISSAN
品川59
た35-27

NISSAN
品川59
た35-27

アートディレクション
デザイン　加藤茂樹
監修　(株)石原プロモーション
text　岩佐陽一
進行　三浦一郎・久保木侑里
撮影　佐藤靖彦（石原裕次郎記念館展示 SUPER Z）
取材協力　石原裕次郎記念館
写真提供　(株)石原プロモーション
(株)文化工房
協力　福田正健
thanks　(株)テレビ朝日

西部警察
SUPER Z

発行日　2015年8月31日　第1刷発行

編集人
発行人　阿蘇品 蔵

発行所　株式会社青志社
〒107-0052 東京都港区赤坂6-2-14
レオ赤坂ビル4F
（編集・営業）
Tel：03-5574-8511
Fax：03-5574-8512
http://www.seishisha.co.jp/

印刷・製本　太陽印刷工業株式会社

ISBN 978-4-86590-013-2 C0074